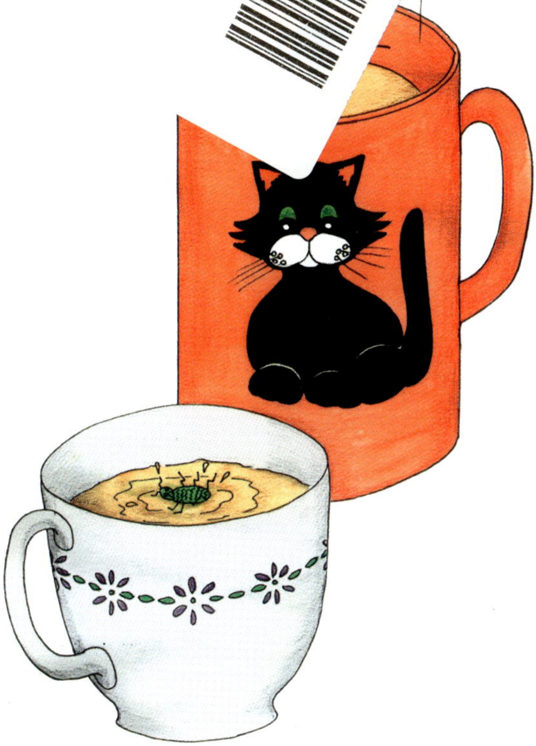

# a bug in a cup

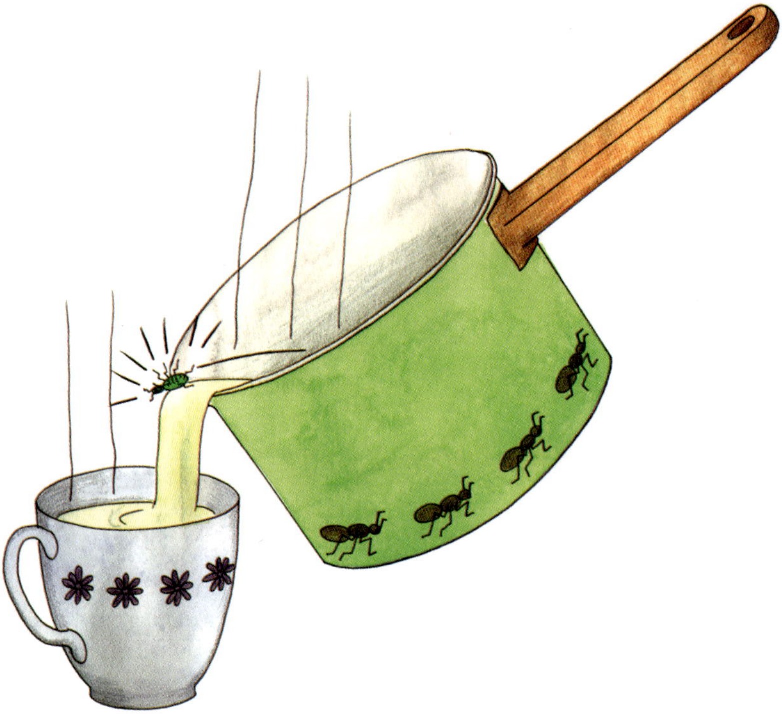

a bug in a pan

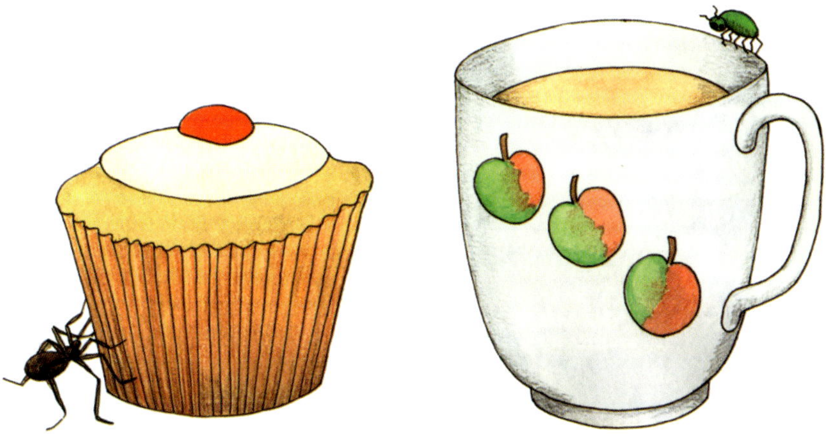

a bug on a cup
a bug on a bun

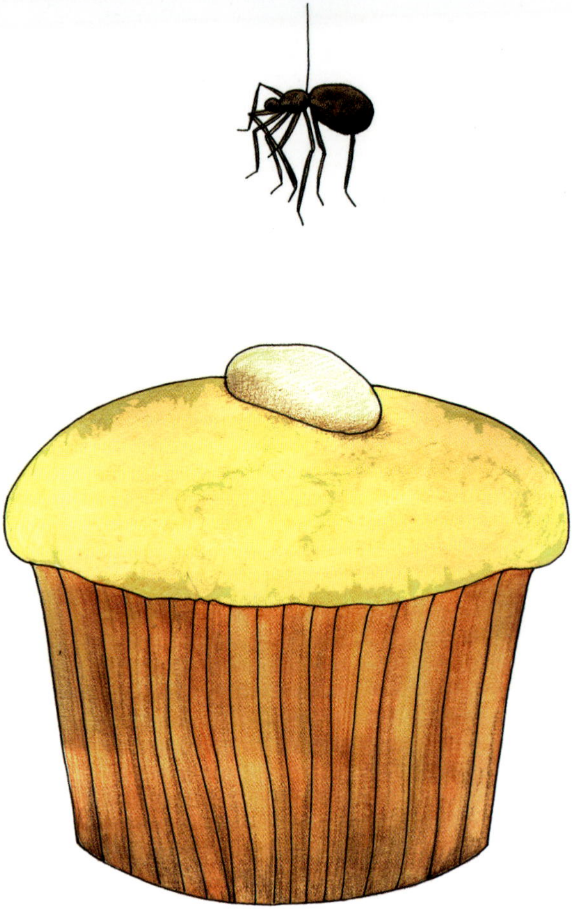

a nut on a bun

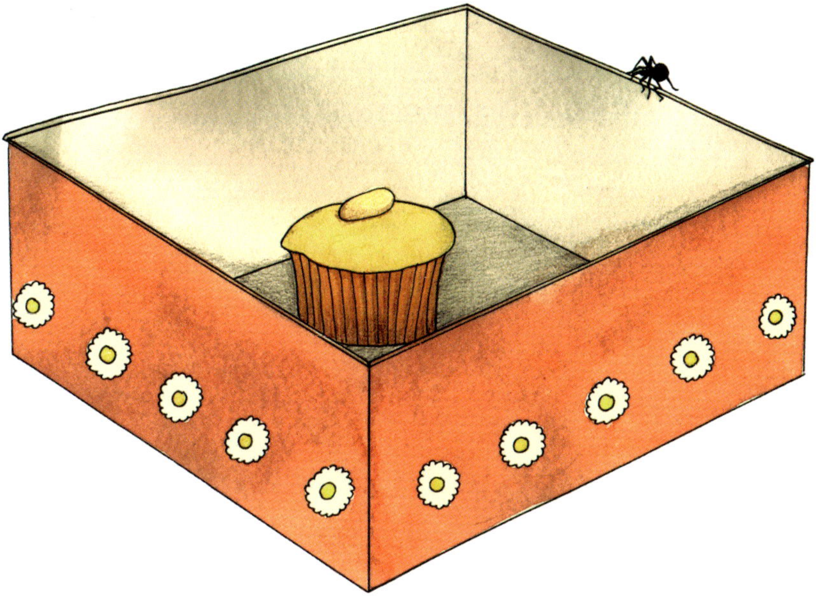

the bun in a tin

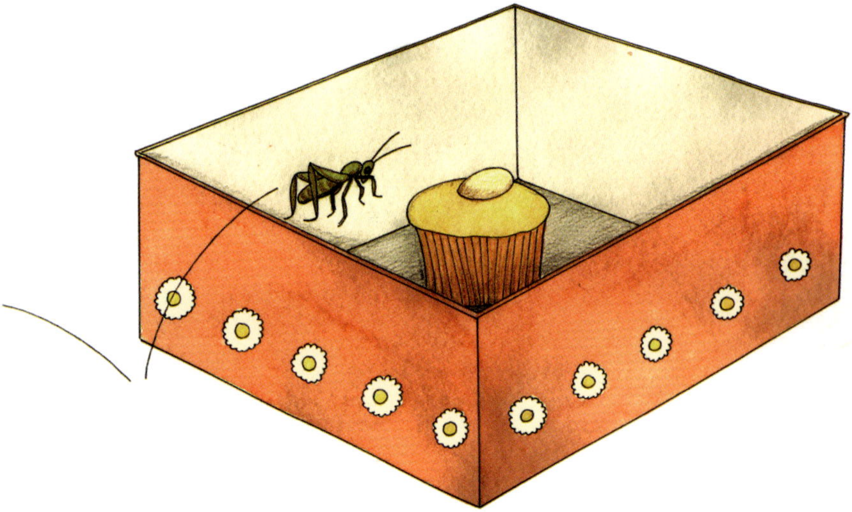

a bug ... hop

... hop ... hop

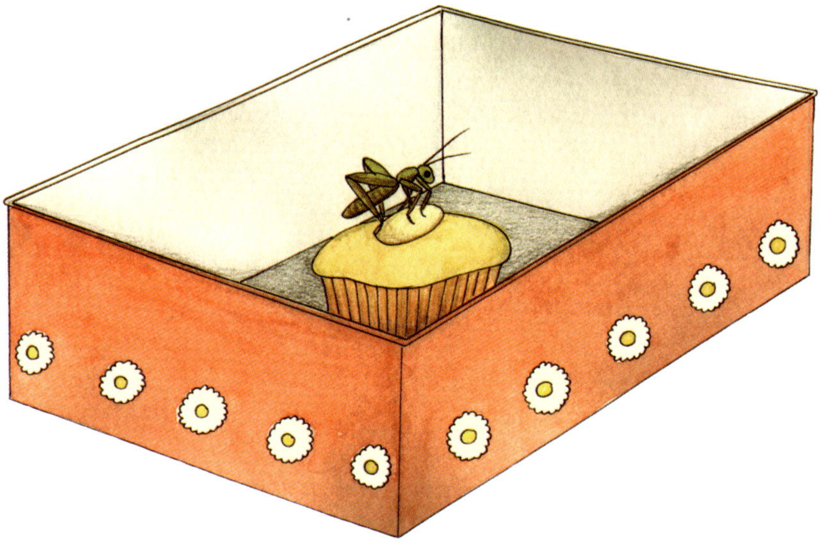

the bug on the
bun in the tin

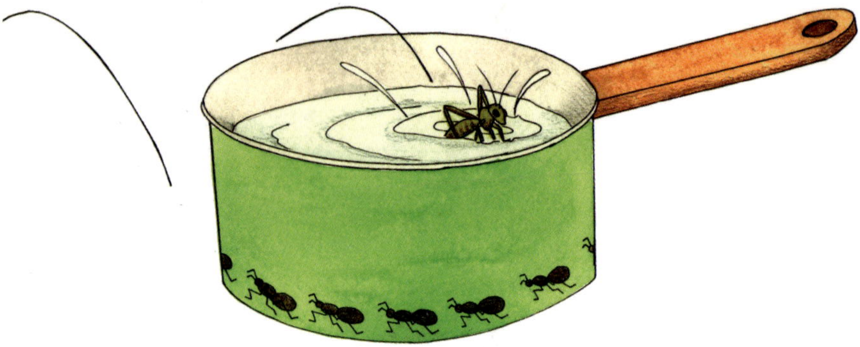

hop ... hop ...

hop ... the bug

in the pan